Ça bouillonne
Je me questionne

Commencer ici

Est ce que la vie a changé pour toi dernièrement?

PAR LÀ

PAR ICI

PAR LÀ

Oh, les choses doivent encore changer?

Y a-t-il quelqu'un ou quelque chose qui te manque?

Es-tu triste à cause de quelque chose qui est arrivé?

C'est tout à fait normal d'avoir toutes sortes d'émotions inhabituelles en ces temps de crise.

Donner un nom à ce qu'on ressent peut nous aider à comprendre ce qui se passe dans notre tête.

Voyons si on peut mettre un nom sur certaines de ces émotions.

Colère

Définition: un fort sentiment de mécontentement. La colère peut aller du simple agacement à la rage extrême.

Quand on réalise que c'est la réalité, on risque de se mettre en colère.

— Quoi? On ne peut pas aller à la pizzeria?

— Je veux aller à mon match, MAINTENANT!

— Je peux encore lécher les restes dans vos assiettes?

> C'est pas juste. Pourquoi c'est à moi que ça arrive?

> Hé, ton morceau est plus gros que le mien. C'EST pas juste!

On risque même d'accuser les autres.

> C'est de TA faute.

Négociation

Définition: Discuter les termes d'un accord. Négocier les détails en notre faveur.

On essaye d'échanger quelque chose pour éviter de le perdre.

Par exemple: si tu fais ceci, je ferais celà.

Si je promets de ne rien toucher, est-ce qu'on peut aller à la pizzeria? S'il te plaît?

Reconstruction

Définition: être déterminé à faire ou accomplir quelque chose. C'est une nouvelle vie qui est envisagée. Il est temps de se tourner vers l'avenir.

Et enfin, on va peut-être se donner un but pour nous aider à mieux surmonter le manque.

Par exemple, aider les autres c'est une façon de trouver un sens et un but.

On pourrait aussi faire de la pizza en plus pour le voisin.

Tu te souviens de ces émotions ?

OUAIS !

OUI !

MIAOUI !

Tout le monde ne ressent pas ces émotions dans le même ordre.

Il se pourrait même que nous passions de l'une à l'autre, et revenions en arrière.

Symptômes physiques

Parfois ces émotions peuvent se traduire par des symptômes ou des signes physiques.

Pendant une période difficile, on a des jours où on se sent bien et d'autres non.

20 mars 2020
25 mars 2020
30 mars 2020

Souviens-toi juste que tes émotions sont uniques, tout comme toi.

Et... la BONNE NOUVELLE c'est qu'avec le temps, les bons...

1. NON ! Pas question !
2. Je me suis mise en colère après Nounours.
3. J'ai eu une journée difficile.
7. J'ai mangé tranquillement.
8. J'ai fait des recherches.
9. J'ai essayé un masque.

13
14
15

Notes:

... jours vont devenir plus nombreux que les mauvais jours.
De quelle façon ça se termine BIEN pour toi?

Illustrations : Agnès de Bézenac
Texte : Agnès et Salem de Bézenac
Mise en couleur : Adina de Bezenac
Traduit de l'original anglais par Berniris
Copyright 2020 iCharacter Limited.

Visitez notre site web **www.kidible.eu** afin de découvrir davantage de livres et nos vidéos gratuites !

Disponible également en ebook.
Kidible ® est la marque d'éditeur de iCharacter Limited ®.

Copyright © 2020 iCharacter Limited ®. Tous droits réservés. Aucune partie de ce livre ne peut être reproduite sous quelque forme que ce soit, y compris par les moyens électroniques ou mécaniques, les systèmes de stockage de l'information et de récupération, sans autorisation écrite de l'éditeur ou de l'auteur, sauf s'il s'agit de la citation de brefs extraits dans le cadre d'une revue de presse.

Ça bouillonne - Je me questionne

1. Choc et déni
2. Colère
3. Négociation
4. Dépression
5. Acceptation
6. Reconstruction

www.ingramcontent.com/pod-product-compliance
Lightning Source LLC
Chambersburg PA
CBHW040252090526
44586CB00041B/2806